海外で活躍している邦人の
知られざる苦悶
国籍と戸籍の相関性を知らない日本人

鈴木伸二
SUZUKI Shinji

文芸社

もくじ

海外で活躍している邦人の知られざる苦悶

国籍と戸籍の相関性を知らない日本人

はじめに～重国籍者黙認の変遷

毎年、夏になると日本にはお盆という行事があり、地方から大都会に出て働いている人たちが、この時期にそれぞれの故郷に帰ることが当然のごとく行われています。そこには、〝自分が生まれ育った故郷〟という概念が厳存するからです。このような故郷という感覚、概念を維持することは至極当然のことであり、まさに、そこには人間性の基本が厳存することでもあるのです。

しかし、地元で生活し、そこから外に出て生活の拠点を移動することがない人たちにとっては「故郷への願望」を経験することは皆無であり、「故郷」という概念を身をもって経験する機会は少ないでしょう。

例えば、東京で生まれ、東京で育ち、東京の学校で勉強し、東京で働いている典型的な「東京人」が故郷と呼べるのは東京ですが、「私の田舎」という概念を経験する機会は皆無になるのです。

このような人間性の本質である「故郷」という概念が存在するため、政治家でも地元、つまり故郷に戻って選挙するのは当然のことなのです。

しかし、いったん日本から海外に出て生活、活動している人にとっては、この「故郷」という概念により、「日本への郷愁」、あるいは「日本人としての人間性の自覚」が当然のことながら自然に湧き出てくるものなのです。もっとも、そのような概念、人間性の基本というものが、ある日突然、否定されたとき、人間としての心理がどのようになるかを第三者が理解することはかなり難しいし、場合によっては不可能かもしれません。

実際、現在の海外の日本領事館の旅券担当者は、旅券更新での取り扱いでは事務的な感覚で対処しており、人間性という高尚な立場からの判断、解釈は皆無なのです。

重国籍維持が禁止されている日本

日本に生まれ、日本で生活しているほとんどの日本人は、国籍そのものを考える機会はゼロでしょう。それは当然で、日本人の両親から生まれて、その記録が戸籍に登録されればそれで済むからです。

つまり、国にとっては戸籍に記録することが重要なのです。戸籍に記載されていれば日本人になるわけで、どこに居住しているかは問題にならないのです。しかし、このような簡単な事実が、環境、場所という二つの要因で大きな影響を受けることがあるのです。

例えば、現代社会ではいろいろな分野の人たちが海外で活躍するようになっています。ところが、戦後に海外に出かけ、いろいろな分野で活躍している日本人が増えるにつれて、ある問題が発生するようになっているのです。それは海外諸国での活動に際し、その国での国籍を取得しないと、活動、研究などが困難、ないし不可能になることがあるということです。

その典型例として挙げられるのは、研究者です。日本人が研究目的などで米国の研究所や大学などに移り、研究を続行するためには米国籍を取得せざるを得ないことがあるのです。

しかし、その結果、現在の日本の国籍法という法律では、日本の国籍が取り消されてしまい、戸籍喪失届や国籍喪失届の提出が求められ、結果的には日本人ではなくなるという悲劇が起こるのです。つまり、日本では日本の国籍を維持しながら、外国籍をも維持するということは基本的には認められていないのです。即ち、日本では国籍法という法律により、重国籍維持が禁止されているからなのです。

なぜ日本は基本的、法律的、並びに概念的に重国籍所有を容認していないのでしょうか。その大きな原因は、島国である日本に住む人間が海外に行って生活するようなことは、昔はとても考えられないことだったためです。現在のような国際社会の中にあっても、基本的には、なぜ日本で生活せずに海外に出ていき、場合によっては外国籍を申請、取得してまで外国で生活しなければならないのか、という極めて単純な疑心が潜在するからです。

つまり、この重国籍禁止という基本概念は、現在の日本人（政治家も含めて）の心理の中に現時点でも明らかに存在するのです。従って、そのような概念を潜在させている人にとっては重国籍を認めることには違和感があり、重国籍維持などはとても考えられないのです。そのような重国籍否定の根底にあるのは、重国籍者になった場合、「日本人でありながら日本での税金を払わないのはけしからん」などの愚見の数々です。つまり、このような誤解、曲解が重国籍否定の根底にあるのです。

海外移住者と海外居住者の違い

もっとも、日本の歴史を考察すると、「海外移住」という概念には、戦前の南米移民が心底にあるのではないでしょうか。明治の時代に日本国内での貧民対策として、当時の明治政府が考えたのは南米などへの移住推進でした。一八七七年の西南戦争以降、日本国内、特に農村地帯での貧民対策として、政府はそれらの貧民を海外に送り出しました。つまり、人口問題と農村危機問題の解決策の一つとして、海外にそれらの貧民を送り出すという政策、極言すれば「棄民政策」だったのです。

このような戦前の大規模な移民政策の概念の根底にあったのは貧困です。移民した人々は、より豊かな生活を求め、生きていくために日本から出ざるを得なかった人たち、ということだったのです。

もっとも、現在の日本人は、そのような移民政策がかつて存在していたことへの認識はゼロなのが大きな問題でもあるのです。当然のことながら、現在の政治家にもそのような過去の〝移民〟についての理解、解釈はゼロに近いのです。それは当然で、現代では「棄民政策」のような表現は完全に過去のものであり、死語になっているからなのです。

辞書で「移民」とは、「永住の目的で海外に出かけた人たち」と定義されています。つまり、そのような移民の人たちはもう日本人ではないはず、との心理的解釈が現存するのです。ですから、研究とか企業活動などの目的で、主として戦後になって、海外に行った人たちの場合とは概念的には大きな違いがあり、移民という表現は、そのような現代の海外在住者（居住者）には使われず、明らかに区別されているのです。

従って、そのような過去の「移民」の人たちは、基本的には日本を捨てて海外に永住する人たちのことであり、概念的には日本人ではなくなり、「日系人」とされているのです。つまり、働く目的で本拠地を海外に移し、永住の目的を持って生活した当時の日本人、並びにその子孫の二世、三世、四世などの人たちは、「海外日系人」として定義、理解されたことを忘れてはなりません。当時に移住した日本人は、在留国で苦労しながらも日系社会を形成し、活躍して現在に至っているのです。

興味深いことは、戦前の「海外移住者」（つまり、移民）と、戦後になってからの「海外居住者」とでは心理的、並びに表現的にも完全に明瞭な区別、理解があることなのです。即ち、〝海外移住者〟とは戦前に主としてブラジルなどの南アメリカ大陸に生活の根拠地を求めて移住した人たちのことであり、その一方、戦後に、いろいろな分野での活動の根拠地として海外に出かけた人たちに対しては「移住者」という概念ではなく、「海外居住者」、あるいは「海外定住者」という概念になるのです。その典型例は前述のようなアメリカなどに研究の目的で居住して、ノーベル賞などを得た元・日本人です。彼らは「海外移住者」とはならず、ましてや「移民」という概念はとても考えられないのです。

しかし、前述のような戦前の海外移住者、つまり棄民、移民の概念の存在を知らない現代の人たちは、いとも簡単に、無造作に、「移住」という表現を使っています。ちなみに、ノーベル賞受賞者の発表のときに、アメリカで活躍している複数の（国籍法上は元日本人）ノーベル賞受賞者の国籍が簡単に無視、軽視され、いとも簡単に〝日本人〟として報道されています。つまり、これらの〝元〟日本人研究者がノーベル賞を受賞したときには、日本の政治家は「日本人として喜ばしい」との発言を無造作にしていたのです。このような場合も、国籍法という法律の存在、意義などはまったく知らないからそのような発言ができるのでしょう。

海外日系人協会設立の経緯

このように、戦前の海外移住者、つまり〝移民〟は貧困からの脱出の目的で海外に出かけた人たちを意味しており、主として、北米や南米に移住した人たちを意味しているのです。従って、そのような人たちへの間接的、心理的な援助という目的で、戦後になって、海外日系人協会が設立され、毎年、海外日系人大会が東京で開催されているのです。もっとも、この大会の設立の背景には、現実的には以下のような複雑な経過があるのです。

第二次世界大戦中に米国各地の在留邦人、二世等の日系人十二万人は、米国のキャンプに強制収容されました。このことを受けて日本では味噌、醤油、日本語書籍などの慰問品を赤十字社を通じ、同キャンプに送付しました。

その後になって戦争が終わって、一九四五年九月、在米日系人は、日本国内の敗戦の混乱と、食料をはじめ生活必需品にも事欠く悲惨な状況を知って、また戦時中に、キャンプに送付された慰問品に対する感謝の気持ちから一九四六年から五二年まで、粉ミルクなどの食糧や衣料を「ララ物資」として祖国日本に送ってくれました。ララ物資とは、米国のキリスト教団体、労働組合を中心として結成されたアジア支援組織の名称のことで、Licensed Agencies for Relief in Asiaの頭文字を取って〝LARA〟と呼ばれました。

このような援助は一九五二年当時の金額で送付総額四〇〇億円を超えたといわれ、その二〇パーセント、八〇億円が広島・山口・熊本・福岡出身の日系人からのものといいます。そうして、一九四六年六月にワシントンの救済統制委員会が認可して活動が開始されました。これを契機に、米国のみならず、カナダ、メキシコ、ブラジル、アルゼンチンなどに日本救援のための日系人組織が誕生し、これら各国が国際赤十字社を通じて日本に対する支援活動も行うようになったのです。

一九五六年末に日本の国際連合加盟が実現したのを機に、翌年の一九五七年五月、「国際連合加盟記念・海外日系人親睦大会」を東京で開催することとなりました（第一回大会）。ララ物資の送付などで示された、日系人の祖国への温かい同胞愛に感謝するためという目的がありました。同時に、日系人のそれまでの長い労苦を慰めたいという意図もあり、日本の国会議員が中心となって開催されたのです。そして、一九六〇年の第二回大会からは「海外日系人大会」と改称し、一九六二年の第三回大会以降は毎年大会が催されているわけです。

従って、この海外日系人大会には、南米などへの移民の二世、三世、四世などのみが対象となり、招待されているのです。ですから、現在のように世界各地に研究、仕事などで居住している日本人は、この大会への出席は求められていないのです。

つまり、一九五七年に国会、関係団体により「国連加盟記念・海外日系人親睦大会」（第一回大会）が開催され、一九六〇年になって「海外日系人連絡協会」として設立され、海外日系人大会を通じて海外日系人との親善交流が推進されているのです。従って、この大会への参加者はアメリカ大陸、オーストラリア、東南アジアなどへ〝移民〟として永住した人たち、並びにその子孫に限定されているのです。

この大会には必ず皇族の方が出席されます。二〇二三年にペルーを訪問中の秋篠宮家の次女佳子さまは、リマの日秘文化会館で、日系人と交流され、リマ在住の日系一世、新垣カマドさんとお話をされていたことが報道されていました。

かなり以前に、この大会に関心があった筆者が、欧州からの初めての参加者として申し込みをして参加したときは完全に冷遇され、座る席も用意されなかった経験があります。考えてみれば、それは当然で、私のように戦後になって海外に研究などの目的で渡航し、居住している人たちは、従来のような「移民」という概念には当てはまらないからです。

移民の国籍問題

不思議なことに、このような戦前の棄民政策の概念は、現在の一部の日本人の中に今でも心理的に存在するのかもしれません。しかし、現在の日本に居住している日本人には、「日本人が海外に移民していた」という概念は完全に忘れられており、理解できないでしょう。従って、現在の日本人にとって「移民」という表現、概念は、海外から日本に来る難民、移民という現象に直接的に関連しているでしょう。したがって、「日本人の移民」という概念は、まったく考えられないのではないでしょうか。

ましてや、「棄民」という表現は、現在のほとんどの日本人が理解できないものでしょう。「移民」という語はネガティブな解釈をされがちです。そのためか、現在、世界的にも大きな問題となっている「難民」「移民」に対して、日本国内でも、あまり好感がもたれていないのかもしれません。

移民政策で海外に居を移した人たちは、もう「ニホンジン」ではないとの暗黙の理解があるのでしょう。このような移民たちは、現地の国籍を取得することにより、それぞれの国に永住することとなりました。当時所有していた日本の旅券の更新には関心が薄くなるのも当然です。ここで大きな問題は、そのような人たちは、日本の戸籍についての知識が乏しく、その結果として国籍法に定義されている、「戸籍喪失届」「国籍喪失届」などの提出が認識されなかったことです。また、各国の日本の公館自体も、国籍法遵守という概念を移民に対して適用することとは理解が及ばず、当てはまらないと解釈されていたようで、関与もしていなかったのです。

従って、そのような人たちの戸籍は、当然のことながら、日本に残っていることがあるのです。日本に戸籍があるということは、日本人、つまり日本の国籍があることを意味しているのです。つまり、国籍が二つある人々ということです。

しかし、この事実はほとんどの日本の官僚や政治家には理解がない、いや、まったく知識がないのです。そのため、時として、後述するようにいとも簡単に、「戸籍が存在、即ち日本人」との単純な解釈、理解が生じることにもなるのです。

日本の国籍法

なお、意外と知られていないことに、一九三〇年の「国籍の抵触についてのある種の問題に関する条約」(ハーグ国籍条約) があります。この国際条約は、その前文で、国籍唯一の原則を理想とし、無国籍と重国籍の事例をなくすよう努力することを各国に求めています。

確かに、一九三〇年代の国際感覚では、重国籍ということへの理解が現在とは根本的に異なっていたのです。そして、重国籍が望ましくない理由としては、複数の国から兵役義務などの国民としての義務の履行が求められる、国籍のある国の間で外交保護権が衝突する、複数国の旅券の取得が可能になって出入国管理上の問題が生じる、などが挙げられていました。この法律に対して当時の日本政府は署名はしたのですが、批准しなかったのです。
ただ、この当時にまがりなりにも国際条約としての重国籍禁止が掲げられていたことは、間接的に、現時点でも日本人の心理、解釈の中に連綿と存在する重国籍非容認の背景になっているのかもしれません。

もっとも、この条約について、日本政府は「署名はしたが、批准しなかった」とのことです。署名はしても、条約の規定に拘束される（つまり、条約の規定を法的に施行する）意思があるかどうかを正式に宣言はしていないことになるのです。

日本国内で国籍法なる法案が初めて作成されたのは明治三一年、つまり一八九八年でしたので、おそらく、前述の「ハーグ国籍条約」（一九三〇年）については、既存の国籍法の存在を考慮して、批准する必要がなかった、とも考えられます。日本で国籍の概念は明治の開国とともに発生し、一八七三年公布の太政官布告〈外国人民ト婚姻差許条規〉、一八九〇年公布の民法人事編（第二章〈国民分限〉）を経て、同年公布の憲法一八条に基づき一八九九年になって初めて国籍法が制定されるようになったのです。

この国籍法は、日本国民たる要件を定めるために制定された法律で、戦後になって、新しい概念の国籍法が昭和二五年に公布され、（旧）国籍法（明治三二年法律第六六号）は廃止されているのです。

この法律により、日本人夫婦の間に生まれた子は、出生地が国内・国外いずれであっても、出生によって自動的に日本国籍を取得します。当然のことながら、出生届により戸籍に記載されますが、戸籍の記載対象は日本人に限られているからです。国籍と戸籍がこのような関係であることを、現在の日本人が日本に居住している限り、知らなくてもよいことなのですが、いったん日本人が海外に居住し（例外的には、日本で外国人と結婚する場合）、いろいろな分野で活動する場合にはこの国籍法が重要な役割を示すことがあり、場合によっては日本人であることが拒絶されることもありうるという重要な法律なのです。

重国籍反対論の問題点

前述のように、国籍に関する議論の中では、必ず重国籍の問題が取り上げられ、日本は基本的には重国籍を認めていないとなっています。その主な理由として、「納税、兵役義務、外交保護」の三点が主に取り上げられているのが普通なのです。

しかし、日本人が外国籍を取得する場合と、外国人が帰化により日本国籍を取得する場合とでは、制度が根本的に違います。外国人が日本に帰化する場合の条件として法務大臣の許可が必要であり、その許可の範疇には重国籍防止条件として、帰化する者は「国籍を有せず、又は日本の国籍の取得によってその国籍を失うべきこと（国籍法第五条第五項）」とあるのです。それに対して、日本人が外国籍を取得する場合は、国籍法第一一条が適用され、法務大臣の許可を要せず、現時点では〝自動的〟に日本国籍を失うことになるとの判断になっているのです（もっとも、後述するように、現時点では、この「自動的」に、という表現はいつの間にか消えてなくなっているのです）。

しかしながら、日本国内では「重国籍は認めるべきではない」とする主張は、机上の空論であるのです。例えば、一部の重国籍反対者は、「日本国民であるにも拘らず税金を納めないのはけしからん」と言います。しかし、納税義務はその居住地・国にいる人の義務であり、ましてや、海外に居住している人は滞在国で納税しているのであり、当然のことながら日本に税金を送金することはありえないのです。その典型例として説明できるのは、例えば、埼玉県民が東京の職場で働いている例はかなりの数になりますが、そのような人は都民税は払いません。

つまり、埼玉県民はその居住地が埼玉県であるので一般的な納税は東京都に払うのではなく、埼玉県に払うのです。このような基本的な概念が海外居住の日本人の場合にも当てはめられるのは当然のことなのですが、そのような理解は重国籍反対論者には存在しないのです。

次の「兵役義務」についてです。一部の例外を除いて、国籍を有する国の兵役に従事することは当然の義務になるのは常識です。しかし、一九四五年に徴兵制は廃止され、現在日本には兵役の義務はありません。しかし、例えば、日本人が、何かしらの理由から十八歳までに日本国籍を喪失して韓国籍を取っていて、韓国に居住していれば当然のことながら韓国での兵役義務を果たさなければなりません。従って、日本人にとって兵役義務問題は現時点では重国籍反対の根拠にはならないのです。

現在、大きな問題となっているハマスとイスラエルの紛争に、日本人の母親を持つイスラエル兵が関与していることが報じられていますが、はたして日本の戸籍にこのイスラエル兵が登録されているかどうかは分かりませんし、誰もそのことに関して関心を持っているとは思えません。

最後の「外交保護」とは何を意味するのでしょうか。理論的には海外で日本人が何らかの問題に遭遇して何らかの援助が必要な場合でも、もし重国籍者であるとその人が持っている他国籍の国との関係もあって、必ずしも直ちに援助を差し伸べることはできないとされているのです。しかし、この議論はまさに噴飯ものです。日本政府の基本では、海外に出かけた邦人はその保護対象にはならないのです。

郵便はがき

料金受取人払郵便

新宿局承認

2524

差出有効期間
2025年3月
31日まで
(切手不要)

160-8791

141

東京都新宿区新宿1－10－1

(株)文芸社

愛読者カード係 行

ふりがな お名前		明治 大正 昭和 平成 年生 歳	
ふりがな ご住所	□□□-□□□□		性別 男・女
お電話 番 号	(書籍ご注文の際に必要です)	ご職業	
E-mail			
ご購読雑誌(複数可)		ご購読新聞	新聞

最近読んでおもしろかった本や今後、とりあげてほしいテーマをお教えください。

ご自分の研究成果や経験、お考え等を出版してみたいというお気持ちはありますか。

ある　　ない　　内容・テーマ(　　　　)

現在完成した作品をお持ちですか。

ある　　ない　　ジャンル・原稿量(　　　　)

書　名				
お買上 書　店	都道 府県	市区 郡	書店名 ご購入日	書店 年　　月　　日

本書をどこでお知りになりましたか?

1.書店店頭　2.知人にすすめられて　3.インターネット(サイト名　　　　　　)

4.DMハガキ　5.広告、記事を見て(新聞、雑誌名　　　　　　)

上の質問に関連して、ご購入の決め手となったのは?

1.タイトル　2.著者　3.内容　4.カバーデザイン　5.帯

その他ご自由にお書きください。

(　　　　　　　　　　)

本書についてのご意見、ご感想をお聞かせください。

①内容について

②カバー、タイトル、帯について

弊社Webサイトからもご意見、ご感想をお寄せいただけます。

ご協力ありがとうございました。

※お寄せいただいたご意見、ご感想は新聞広告等で匿名にて使わせていただくことがあります。

※お客様の個人情報は、小社からの連絡のみに使用します。社外に提供することは一切ありません。

書籍のご注文は、お近くの書店または、ブックサービス(0120-29-9625)、セブンネットショッピング(http://7net.omni7.jp/)にお申し込み下さい。

パスポートの一文について

保護対象にならないというのは日本の旅券の一頁に書かれている外務大臣要請文を見れば明らかです。そこには「日本国民である本旅券の所持人を通路故障なく旅行させ、かつ、同人に必要な保護扶助を与えられるよう、関係の諸官に要請する」と記入されているのです。ここで問題なのは「関係の諸官」の解釈です。英文にはall those whom it may concernとあり、極めて曖昧な表現なのですが、この旅券の文面は日本が旅券制度を導入した明治時代からまったく変更することなく、すべての旅券に印刷されています。でも、どうしてこのような文面がわざわざ日本の旅券に現在でも記載されているのでしょうか。

なお、一九一八年に発行された旅券にも同じような文面が既に記載されていました。その頃の旅券というのは紙一枚だけの、「日本帝国海外旅券」という名称でした。そこに書かれてある文章は、「……ニ赴ク前記ノ者ヲシテ遠路故障ナク自由ニ通行セシメ且必要ノ場合ニハ保護援助ヲ与エラレンコトヲ文武官憲ニ請求ス」となっているのです。この文面は、海外の諸国政府・官憲に対しての依頼なのです。つまり、もしこの旅券所有者が海外で何らかの支障、困難などがあったときには、この本人を助けてあげてくださいよ、との意図があるのです。従って、そのような場合は海外にある日本大使館、領事館は基本的にはまったく関与せず、関係がないのです。

通常の場合には、この旅券の文章の意味を考えなくともまったく問題はないでしょう。日本の旅券を使って海外旅行している日本人のほとんどすべての人たちは、このような文章が旅券の最初の頁に記載されていることには関心がないと思います。しかし、最悪なのは、近年になって施行された外務省設置法の文章では外国の政府へのお願いとの観点、言及はまったく記載されていないことなのです。

しかし、万が一、何らかの事件、政変などが海外滞在中に発生したときにどのような援助が受けられるのでしょうか。そのような場合、まず日本政府、日本大使館は一部の例外を除いてはほとんど何もしてくれません。このことは外務省旅券課の正式の返事でも「所持人が渡航しようとする外国当局に対し、安全に旅行できるよう通行の自由と適法な援助を公式に要請する公文書という側面も伝統的に持ち合わせています」と正式に言明されているのです。勿論、旅券の本来の目的は、旅行許可が基本であり、現在の国際社会の中にあっては、日本の旅券であれば、ほとんどの国に入国できるのです。ただ、問題は、「……適法な援助」という記載なのです。

この概念はどのように解釈できるのでしょうか。ほとんどの日本人はこのような記述の影響、概念を理解しておらずに海外旅行をしているのですし、また考慮したことはないのが普通なのです。でも、こんな虫のいいことを平気で、未だに日本の旅券に堂々と記載していることに、日本政府はなんらの問題もないと考えているのです。つまり、現実には、このような依頼は当然なものとして解釈されているのです。例えば、私の質問に対しての、以下のような外務省の返答に明らかです。

「外務省は、海外における邦人の生命及び身体の保護その他の安全に関すること、海外における邦人の身分関係事項に関すること、及び旅券の発給並びに海外渡航及び海外移住に関すること等の事務をつかさどることとなっており、旅券、就中、旅券に記載のある渡航先当局に対する当該要請文は、外務省がこうした事務をつかさどるにあたっても重要なものであり、これらが矛盾することはないと考えておりります。御理解のほどよろしくお願い申し上げます。

外務省領事局旅券課　ダウンロード申請書担当」

在留日本人の保護、救出について

ともかく、海外で個人が何らかのトラブルに遭遇して、現地の領事館に助けを求めてもほとんどの場合、領事館は何もしてくれないのです。例えば、いささか古いことになりますが、旧ユーゴスラビア崩壊に際して、現地の男性と結婚していた日本人女性も数多くいることが報道されていました。一九九五年当時の在留日本人・リビチ郁子さん救出に関する記事が日本の新聞に報道されていましたが、その記事を読んで考えさせられたことは、領事館の海外在留邦人への保護に対する対応でした。当時の新聞記事によりますと、フリージャーナリストの水口康成氏の努力により彼女は日本に帰国することができたのですが、肝心の救出について考察してみると現地領事館の対応が極めて消極的であったとのことです。そして、それに関連した説明に、子供をも含めたリビチ都子さんの国籍が不明、本人の帰国意思が不明だからなどの理由がありました。そのため、領事館はなんら援助の手を差し伸べてくれなかったのです。

そのほかにも、一九九二年のルイジアナ州で日本人青年が銃犯罪の被害者となり射殺されたとき、日本の両親宅に国際電話で総領事館から第一報がありましたが、その電話はコレクトコールであったとのことです。また、この両親がアメリカで訴訟を起こし、アメリカの検察当局に裁判開始を訴えるために渡米し、日本総領事館員に同行を依頼したところ、本省からの指示がないとの理由で断られたとのことでした。

また二〇〇一年九月の、全世界を震駭させたニューヨークでのテロ事件で犠牲になった二十数人の日本人について日本の政府はまったく言及しておらず、当時の小泉純一郎首相は国家首脳として人道的な対応を取っていませんでした。

いずれにしても海外在留邦人の救出といった最悪の事態が発生した場合の日本政府の基本方針は、旅券に書かれてある背景を尊重し、まず、第一に該当国政府に在留邦人の救助を依頼することにあり、日本政府独自の対策は基本的にはないとのことです。何らかの政変、軍事衝突などの重大な事件の場合には、各国政府が、自国民の救出に救援機を派遣していますが、日本政府にとってはそのような対策は最後の最後の段階での対応になるのです。

米国人は、どこの国にもかなりの数がいるので、万が一、そのような事態が起こった場合、米国政府は世界のいかなる地点にも自国の救援機を派遣します。それに日本政府は便乗しようというのが基本姿勢なのです。確かに、アフリカのような遠隔地に滞在している数人の日本人の国外脱出に日本から救援機を飛ばすよりも、米国政府に依頼したほうが簡単です。しかし、これほど虫のいい話はありません。事実、米国政府はもし余裕があれば日本人も救出しましょうと声明しています。これは当然なことなのです。つまり、個人単位の在外日本人に危険が及んでも日本人を保護する法的義務は、日本政府にはないとのことなのです。

そのほかにも、二〇一一年に発生したエジプト革命に際し、その当時にエジプトに何らかの形で滞在していた日本人は、どのように扱われたのでしょうか。当時のカイロのデモ騒ぎで空港が閉鎖されたりして、エジプトにいる外国の観光客は大混乱でした。日本の観光客も約五〇〇〇人近くがカイロ国際空港に足止めされていたとか。このことに関し日本の外相が駐日エジプト大使を外務省に呼び、エジプト航空に対し増便の要請をしたとのことです。中国や韓国など他の国が自国から救援機をカイロに飛ばしていたような状況下で、これほど無頓着、無責任な要請はナンセンスそのものです。当時のカイロの状況を理解すれば、他国による援助の可能性がまったくないことへの認識がなかったのでしょうか。

このように、日本の旅券には前述したように海外政府の諸機関に対して邦人の援助要請が謳われていますので、日本政府はよほどのことがない限りこの旅券に記載されてある文面を尊重して海外邦人救援機を飛ばすようなことは考慮しないのです。確かに、該当する日本人の数は少ないので、わざわざ日本から救援機を飛ばすような発想は日本政府にはないのかもしれません。つまり、日本政府としてはあくまでも他国頼みなのです。単なる旅行者の場合でも極めて危険な状態に直面することはあります。この日本旅券を持っている限り、その本人の安全に関しては日本政府はまったくの他人任せであることを改めて認識すべきなのです。しかし、このような事態を十分に理解して、海外旅行する日本人はほとんどいないと思うのです。つまり、心細い事態が起こるかもしれないということは、「想定外」とされているのです。

なお、この外務省の説明文の中に、「海外移住に関すること等の事務」とありますが、これはどのような意味があるのでしょうか。今でも海外に移住したいと考えている日本人は存在するのでしょうか。居住、定住したいと思う人はゴマンといるかもしれませんが、移住すると考えている人はおそらく少ないと思うのです。でも、この文章をそのまま理解すると、もし海外に移住したいと考えたとき、外務省はどのような援助をしてくれるのでしょうか。おそらく旅券の発給だけで終わりとなることでしょう。

ちなみに、欧州諸国の旅券に、日本の旅券のような文面の記載があるのを見たことがありません。もっとも、外務省旅券課の見解では、「これと同じような文章はアメリカや英国の旅券にも書いてありますので、それにならっているのです」とのまったくの能天気的な解釈、説明なのです。なにも他国の真似をしなくともよいと思うし、現在の国際環境から考えると、このような古色蒼然とした文章は前世期の遺物と考えるべきではないでしょうか。

それにしても、さらに奇異なのは「公用旅券」。つまり政府の役人が国の業務として外国に出かけるときには普通の旅券ではなく、「公用旅券」が交付されるのですが、そこにも普通旅券とまったく同じ文章が書かれているのです。お役人が海外に出張したときも、海外で何らかの問題に遭遇しても政府としては何もしませんよ、ということを間接に説明しているのではないでしょうか。まったく常識では考えられないことなのですが……。

繰り返しになりますが、この要請文は日本が旅券の発行をし始めた明治の時代からまったく変わっていないのです。それはそうでしょう、日本が旅券を発行し始め、極めて限定された日本人が海外に出たときに頼りになるのはその国の助けなのです。ですから、日本人が困ったときにはどうぞ助けてあげてくださいとの嘆願状なのです。それが今でも連綿として続いているのです。最近でも時折、新聞に報道されているように個人の場合には日本政府はなんらの援助をしてくれず、一部の人は「それは自己責任で、勝手にそのような危険な地に行くこと自体が悪いのだ」となるのです。そのよい例は、シリアで反乱グループに長らく拘束されていた安田純平さんに対する自己責任のバッシングでした。

旅券更新時の不思議

では、旅券の意義を別な視点から考えてみましょう。問題なのは、旅券を所持していて海外に長く滞在しているときには、その有効期限が切れたときの対処なのです。もし、その有効期限が切れたときには、基本的にはその更新申請を現地の領事館、大使館でするのが普通です。ところが、〝最近では〟その更新の時点で、もし申請者が何らかの理由で滞在国の国籍を取得している場合には、海外公館はその旅券の更新を拒絶しており、ほとんどの場合、該当する旅券に穴をあけられ、旅券の意義が消されてしまうのが現実なのです。

ちなみに、以前はそのような判断にはかなりの柔軟性があり、海外公館員の判断に任されていたのです。むしろ、柔軟性という解釈ではなく、旅券法には旅券の更新手続きの場合に、当人に対して外国籍を取得しているかどうかを検討すべきとの〝規定項目〟はないので、その判断は極めて曖昧になっていたのです。ですから、従前は、海外公館に旅券の更新に来たときに、その更新業務は公館の担当者の裁量に任され、たとえ、外国籍を所有していることが分かっていても、問題なく旅券の更新をしていた場合もあったのです。でも、そのような柔軟な解釈をしていても、その公館の係員は職務怠慢で注意を受けたことはまったくなかったのです。つまり基本的には旅券更新の業務を担当していた窓口の係官は、ある意味では国籍法という法律への認識がなかったのかもしれません。

つまり、旅券そのものは厳密な意味では身分証明書ではなく、単なる海外旅行許可書なのです。ですから、基本的には、旅券の更新に際し、国籍問題を提起すること自体が例外、いや、もしかしたら、法律違反になるのかもしれませんが、このような解釈をする人は一人もいないのです。

もっとも、例外ということではなく、繰り返しになりますが、旅券法にはそのような行為をすること、つまり「外国籍所持云々」はなんら記載がないのです。もっとも、昭和の初期の時代には何らかの目的で海外に居住するような人は極めてまれであったので、海外公館での旅券更新申請がなされても、ほとんどの場合、外国籍有無の質問はされずに、問題なく旅券の更新がなされていたのです。従来の公館職員は国籍法という法律の存在自体は知らなくとも問題なかったのです。

ところが、最近になって、日本で国籍関連問題の訴訟が提起されてからは、意識的に、海外での旅券更新者に対して、外国籍所有の有無について質問をするように通達、理解されるようになりました。最悪だったのは、そのような過程でのある時期には、国籍法の条文には記載のない、更新申請者が外国籍を所持している場合に「〝自動的に〟日本の国籍を喪失する」との解釈、通達がなされ、世界各国にあるすべての日本公館での旅券関連の説明書には、この「自動的に」という表現が無意識的に加筆されていたのです。つまり、国籍法の法文には「自動的に」という表現がないのに、外務省が独自の判断で、条文〝改正〟をしたとも考えられるのです。

国籍法に従って、外国籍を取得した時点で、理論的には自動的に日本の国籍を失うのであれば、その時点で、もう日本人ではなくなったということになるのですが、書類上の手続きの関係で、そのような日本の国籍を〝自動的に〟失っている人に対して「国籍喪失届」や「戸籍喪失届」を出しなさいとすることはできないのではないでしょうか。つまり、外国籍を取得した時点で日本の国籍を失う、ということはその時点ではもう日本人ではなくなり、外国人になっているのです。しかし、そのような〝外国人〟に日本の法律での事項、つまり国籍喪失届や戸籍喪失届を提出させることは理屈から言えばできないはずなのです。

つまり、二〇一八年に国籍問題が日本での裁判で現実化されて以来、旅券法にはまったく規定されていない当人の外国籍の有無を事務的に問い合わせるようになってきたのです。即ち、この国籍問題が裁判になった当時の外務省の対応は、法務省の見解をまったく無視して、国籍法一一条の解釈、説明に、意識的に「〝自動的に〟国籍を失う」ということが海外公館の説明文に記述されていたのです。ところが、最近では、不思議なことにこのような表現、「自動的に」は海外公館の国籍法の解説に記載がなくなっているのです。もっとも、国籍法の解説書（例えば、『逐条注解国籍法』日本加除出版）内での解釈、解説には「自動的に日本国籍を喪失することを規定する」との記載があります。

しかし、現在でも、在外日本人が旅券の更新に際し、外国籍を持っていることが明らかになったときには、直ちに旅券の更新が拒否され、最悪の場合には、瞬時に該当旅券に穴があけられて旅券の効果がなくなり、国籍喪失届を出すように要請されているのです。その結果として、日本の国籍を失うとされているのです。

旅券は身分証明書ではないはずなのに

でも、繰り返しになりますが、理論的には旅券そのものは法的な身分証明書ではなく、単なる外国旅行、外国滞在の許可証にすぎないのです。ですが、現在の国籍法という法律の概念に基づくと、日本人が外国籍を所持していると、「自動的に」日本の国籍を失うと、判断されていたのです。

多くの国で、居住者、住民は必ず身分証明書、つまり写真付きの証明書を常時所持しているのです。ですから、他国に居住している人のすべてが公的な写真付きの身分証明書を常時所持しなければならず、仮に日本人が旅券を所持していても、基本的には、それぞれの滞在国では、それは身分証明書にはならないのです。

つまり、旅券をすべての国民が所持していることはありえないからなのです。国外へ行く予定がない人で旅券を持っていない人も相当数います。これと同じことで、海外諸国の住民で、国外旅行をしたことのない人は当然のことながら旅券を持っていないのです。旅券とは別に、その国が発行している写真付きの正式の身分証明書があるからです。

国籍法一一条の改正を

さらに問題なのは、国籍法に記述されている「自己の志望によって外国の国籍を取得したときには」との限定された表現の解釈なのです。ここでは常識的な解釈、理解、判断としては、「自らの志望でない」場合はどうなのかとの疑問、反問、検討は全く、言及されていないのです。この表現に関連して、では、「自己の志望以外の場合には」どうなのかとのことも検討すべきなのですが、不思議なことに現実はまったく考慮されていないのです。

一般的な日本文の解釈で、「自己の志望」という表現があれば「自己の志望ではない」の場合も介在することは常識なのです。これと似たような表現を例にとって、検討してみました。例えば、自己の志望で「全財産を投資した」場合、もしその投資が失敗し、全財産を失っても、それは自己責任になるのですが、その反対に、自己の志望ではなく全財産を失う場合も考えられるのです。

つまり、この「志望」という表現は極めて意味の強いものであり、「自己の志望」で外国籍を取得するのが目的であることを意味しているのです。例えば、大学受験でどの大学に行こうかという選択、決定は自らの「志望」であって、明らかな「原因」「意図」であり、目的そのものなのです。ところが、海外生活で、該当国の国籍を取得することは現地での生活、職業的活動のために必然的に必要性が生じての「結果」ということがあるのです。

物事の判断には必ず「原因」があって、初めて「結果」が得られるのです。しかし、国籍法の条文にはなぜ外国籍を取得しなければならないのか、という原因がまったく考慮されておらず、「自己の志望」に進展するのです。ですから、そのような職業上の必要性がないのに、「自己の志望」で外国籍をわざわざ取得して、日本人であることを放棄する在外日本人は存在しないと言っていいでしょう。

日常的な会話として、「雨が降っているときは、外出しないでくださいよ」と言うことがあります。この表現そのものの間接的な意味は、「雨が降っていないときは、外出できるのですよ」ということであり、そのような解釈、理解は常識です。ですから、「雨が降っているときは、外出しないでくださいよ」と表現したときには、わざわざ、「雨が降っていないときは、外出できるのですよ」と表現する必要はありません。

このような日常的な文ならば、反対の状況の場合の説明はなくても支障はありません。しかし、こと国籍に関してはもれなく表記すべきです。「自己の志望」という表現は極めて限定的で、例外的な表現であり、柔軟に解釈できるからです。

国籍について、「自己の志望ではない」場合はどうなのかとの反問することができるのです。その典型例としては、前述のように、アメリカなどで研究継続のためにはアメリカの国籍がない人には研究費などが提供されず、結果的には研究維持、続行が不可能になることなのです。従って、このような場合に米国籍を取得した場合には「国籍法」規定の「自己の志望」には該当しないと、解釈、理解できるのですが、不思議なことに、このような理解、解釈は誰もしていないのです。

いずれにしても、このように単なる書類上で外国人になっても、日本人としての本質は変わらないのは当然のことなのです。例えば、例のＬＥＤを発明してノーベル賞を得た一人の中村修二さんは、ノーベル賞を受けたときは米国籍を職業上の理由から所得せざるを得ない状態であったので、結果的には国籍法に基づいて日本の国籍が自動的に剝奪されていたのです。しかし、当のご本人は、「自分は日本人であることには変わりがない」と談話でも明言しているのです。それは当然で、たまたま職業上の理由から外国の国籍を取得したにすぎず、日本人であることにはまったく変化がないし、当然のことながら自身を日本人ととらえていることには誰でも反対することはできないはずです。

しかし、現実には現在の国籍法の規定により、中村さんは米国人になっていて、中村さんは日系アメリカ人ということになるのですが、マスコミをも含めた日本人は誰もそのような解釈、理解はしていないのです。ましてや、日本人としての外見は変えようがないので、他人から見れば中村さんは日本人、ニッポンジンなのです。特に日本の国籍は血統主義であり、アメリカのような出生地主義ではないのです。ですから日本人はたとえ外国籍を取得していても血統的には日本人といえます。紙の上の変化と血統は、まったく別ものだからです。

さらに強調すべきことは、たとえ日本人が外国籍を取得しても顔、形、つまり外見、さらには日本人としての人間性は変えることが不可能であり、ニッポンジンなのです。国籍というものは目に見えない非現実性の法律の典型例であり、国籍が変わっても、その本質、人間性、殊にその外見は変わりません。

もっとも、前記の法務省の見解の中には、このような柔軟的な概念は明確にされているのですが、このような理解を裁判官、弁護士、学者などの誰もしていないのは、基本的には日本は重国籍を認めていないという固定概念が潜在するからなのかもしれません。

最近になって、海外在住者が国籍法関連の裁判を起こしたときに、私は、では実際に関係官庁はどのようにこの問題を理解しているのかとの疑問があって、法務省に問い合わせました。そのときの返事が以下のようになっているのには、ある意味では、柔軟性があることなのです。

「我が国では日本国籍の得喪は国籍法が規定しており、同法第一一条は、『日本国民は、自己の志望によって外国の国籍を取得したときは、日本の国籍を失う。』と規定しています。仮に日本旅券を有していても日本国籍を喪失している場合があるため、旅券を発給申請されるときに、申請者が外国籍を有しているかどうかを確認し、有している場合はそれに至った経緯、事情等をお聞きした上で、場合により必要な書類（滞在国の滞在許可証や査証等、日本人として滞在国に滞在していることが確認できる書類、又は、外国籍を有している場合には外国旅券等の国籍証明書等）の提出又は提示を求め、国籍法第一一条に該当するか否かを確認します。提出又は提示いただいた書類により、外国の国籍を有していることが判明しても、国籍法第一一条に該当しないことが確認できた場合には、通常どおり旅券を発給します。一方、外国の国籍を有するに至った経緯が国籍法第一一条に該当し、日本国籍を喪失していると判断された場合には、旅券は発給されません。なお、申請者が自己の志望により外国の国籍を取得したのではないと主張される場合には、その根拠となる資料を提出又は提示いただいた上で判断することになります。」

つまり、この法務省の見解では「自己の志望で」の解釈には、ある意味では柔軟性が認められていると解釈できるのです。即ち、文中にある「国籍法第一一条に該当するか否かを確認」ということは、明らかに、自己の志望であるのか、どうなのか判断が求められていることになると理解できるのです。もっとも、法文はいかようにも解釈、説明ができるので、「自己の志望」そのものの判断基準、定義もいかようにも解釈できるという難点があるのです。ですから、海外公館の担当者の見解、解釈によっては、「いや、あなたの場合は自己の志望ではないとは判断できません」との解釈をすることもできるのです。つまり、文面上はある程度の柔軟性があるものと理解することはできるかもしれませんが、その判断の定義、基準がなく、海外公館の担当者の解釈に左右されるのです。もっとも、海外公館の担当者は外務省からの指示に基づいているだけなのですが、過去の経験では海外公館担当者もかなり柔軟な解釈そして対応していたのです。

しかしながら、日本人がなんらの原因、理由もなく、単純に外国籍も欲しいな、と考えて外国籍を取得するということは非現実的であり、そのような考えを実行する日本人はいないと言っても過言ではないのです。それは当然で、普通の日本人が、なんとなく外国人になりたいなどと考えて、日本の国籍を捨てて外国人になるなどは考えられないのです。

しかし、意外なことに、外務省の見解として、以下のような回答があるのです。興味あることに、前述の法務省の見解に関連して、私が外務省の旅券課に改めてその真意を確かめたところ、以下のような返事が得られたのです。

「外務省ホームページに対して、在外公館における旅券（パスポート）の申請の際、外国籍を有している場合の対応につき御照会をいただきました。日本旅券の発給は、日本国籍を有していることが要件です（旅券法第一八条第一項第一号）。このため、旅券発給に際しては日本国籍を有していることを確認しております。

我が国では日本国籍の得喪は国籍法が規定しており、同法第一一条は、『日本国民は、自己の志望によって外国の国籍を取得したときは、日本の国籍を失う。』と規定しています。仮に日本旅券を有していても日本国籍を喪失している場合があるため、旅券を発給申請されるときに、申請者が外国籍を有しているかどうかを確認し、有している場合はそれに至った経緯、事情等をお聞きした上で、場合により必要な書類（滞在国の滞在許可証や査証等、日本人として滞在国に滞在していることが確認できる書類、又は、外国籍を有している場合には外国旅券等の国籍証明書等）の提出又は提示を求め、国籍法第一一条に該当するか否かを確認します。提出又は提示いただいた書類により、外国の国籍を有していることが判明しても、国籍法第一一条に該当しないことが確認できた場合には、通常どおり旅券を発給します。一方、外国の国籍を有するに至った経緯が国籍法第一一条に該当し、日本国籍を喪失していると判断された場合には、旅券は発給されません。

なお、申請者が自己の志望により外国の国籍を取得したのではないと主張される場合には、その根拠となる資料を提出又は提示いただいた上で判断することになります。投稿者様におかれましては、今後とも旅券行政への御理解と御協力のほどよろしくお願いいたします。

令和元年十一月　　外務省領事局旅券課」

外務省のこの回答は、法務省の回答とほぼ同じ内容で、「申請者が外国籍を有しているかどうかを確認し、有している場合はそれに至った経緯、事情等をお聞きした上で、場合により必要な書類（滞在国の滞在許可証や査証等、日本人として滞在国に滞在していることが確認できる書類、又は、外国籍を有している場合には外国旅券等の国籍証明書等）の提出又は提示を求め、国籍法第一一条に該当するか否かを確認します。提出又は提示いただいた書類により、外国の国籍を有していることが判明しても、国籍法第一一条に該当しないことが確認できた場合には、通常どおり旅券を発給します」が明記されているのです。

従って、その滞在国での職業などの継続のために滞在国の国籍を取得しなければならないようなときは、国籍法の条文「自己の志望で」には該当しないとの柔軟な解釈が法務省、そして外務省にもあるのです。

つまり、現実を考察すると現時点での国籍法一一条は、「恣意的」に行使されていたと解釈されていても致し方がないのです。なお、世界人権宣言一五条二項では、「何人も、ほしいままにその国籍を奪われ、又はその国籍を変更する権利を否認されることはない」と規定されているのです。

でも、もしこの両省の回答を厳密に解釈すると、「自己の志望」という概念、解釈にはある意味での柔軟性があるのですが、現実はまったくその正反対で、「自動的に」処理されているのです。もっとも、法文の理解、解釈は概念的であり、実際にその作業をするのは外務省や法務省ではなく、海外公館なのです。しかし、このような問題が、裁判となるとその判断の基準は「法文」であって、「実施状況」ではないのです。つまり、裁判では法文の解釈、討議が重要であり、その法律に基づいて業務を実施している下級組織の行動の評価は意味がなく、まったく考慮されないのが実情なのです。

このような柔軟な解釈が、二〇一八年にスイスからの国籍法違反の裁判が提起されたときから、急変しました。急変というよりは、理論と現実との乖離と言えるかもしれません。つまり、ある問題が裁判のような法律解釈の立場で検討されるときには、実際の下級組織の行為〝現実〟は軽視、無視されるのが普通なのです。

一方、日本には政府発行の写真付きの公的な身分証明書を各人が常時所有しなければならないという制度は全然ないという極めて驚くべき事実があるのです。つまり、各国の例とは裏腹に、日本では各人に写真付きの公的な身分証明書が発行されておらず、従って、その常時携帯義務が法的に規定されていない、という極めて特別な国であり、極めて例外的な国だったのです。ですから、日本国内では身分証明書扱いとされる書類はいろいろと便宜上、認識されているのにすぎないのです。二〇一六年にマイナンバーカードが発行され、二〇一四年一月時点では約七割の国民が所持するようになりました。ただマイナンバーカードは携帯義務がないことや、国のつくるシステムに懐疑的な人も多いこともあり、今後はどうなるのかを見守りたいと思います。マイナンバーカードは身分証明書としても使えますが、厳密な意味では身分証明書ではないのです。その意味は、世界各国にて固定概念としての身分証明書は各人が常時携帯する義務があるのですが、マイナンバーカードそのものを常時、外出の時にも携帯するものとの性格ではないのです。これはあくまでも、必要なときに、いろいろな目的で使えるという「個人情報カード」なのです。

また、有効期限が切れていない旅券を所持していれば日本では身分証明書としても使えますが、そのような旅券は海外旅行をしたことのある人しか持っておらず、そもそも国内のパスポート所持率は二割ほどのようで世界でも低いので、日本国内では極めて例外にすぎません。

ある事件から見える国籍への意識

さらに問題になるのは、日本に帰化した外国人の場合なのです。多くの場合、外見から判断すると外国人であることが一目瞭然で、そのような人は時として警官から職務質問されたときに、身分証明書がないため不審がられることがあるのです。つまり、日本に住んで、正式に帰化している〝日本人〟に対して、「あなたはどこの国の国籍を持っていますか」ではなく、「あなたは何人《なにじん》、どこの国の人なのですか」と聞くのが普通なのです。

例えば、このような新聞報道がありました。帰化したフィリピン人女性が職務質問され、その返事が警官に不審に思われ、身柄を拘束されたというものです。新聞報道では、「何人」と問われ「フィリピン人」と答えたとのことでしたが、おそらく不法滞在を疑われたのでしょう。国籍を証明するものを持っていたら問題はなかったと思いますが、普通の職務質問で「あなたはどこの国の国籍を持っていますか」と質問したとは考えにくいでしょう。外見での判断、国籍についての理解不足、身分証明のしかたの問題点がこの報道から受け取れます。

さらにこの事件で隠されている大きな問題は、もしこのフィリピン人が「私は日本に帰化しています」と答えたときの警官の対応になるのです。そのようなときには、おそらく警官はああそうですか、と聞き流しはしないと思うのです。ましてや、相手が肌の色の異なる人に対しては、次の質問は「何か身分を証明するものはありますか」となるでしょう。

もし容貌が一般の日本人に近い人なら、仮に身分証明書を持っていなくても口頭で住所、電話番号など聞かれて、それで、ほとんど問題なく、ましてや身柄の拘束はされないはずです。

重国籍者とは

一方、単なる旅行者ではなく、海外で何らかの活動をしている日本人がその国に長く滞在している場合には、滞在国の国民と同様にその滞在国発行の写真付きの滞在許可書が、その国での身分証明書になるのです。海外に長期滞在の日本人が所持している旅券は、その滞在国での正式な身分証明書ではないのです。旅券は文字通り、国外に旅行する場合にそれぞれの国での滞在許可証としてのみ有効なだけなのです。

しかし、上述のように、海外に長期在住の日本人が旅券の有効期限の延長、更新を申請したときに、もしその時点で外国籍をも所有、維持していれば、国籍法という法律の解釈により、現実は海外公館により更新は拒否され、日本人扱いとはならないのです。従って、日本人であることが否定されてしまうのが現実なのです。つまり、海外在住者の旅券は、海外公館の判断では、単なる海外旅行の許可書ではなく、日本人としての身分証明書扱いになるという極めて異端な解釈にもなるのです。

その根拠として挙げられるのが日本の国籍法という法律なのです。この法律によると、日本人が外国籍を取得した時点で、日本人ではなくなるということですので、旅券そのものが、場合によっては日本人としての身分証明書扱いになると判断されているのです。しかし、旅券の更新が拒絶されただけでは日本人が消されることにはならず、旅券の更新拒絶の結果として「戸籍消失届」を提出することが法律的には求められるのですが、もし、この届けを提出しなければ戸籍は永遠に存在し、日本人でありうるのです。

勿論、その戸籍消失届を出さなければ罰則が規定されているのですが、海外に在住している日本人には日本の法律に規定されている罰則は適用できないという難点があるのです。参議院法制局に「法律は、原則として、日本国内の領土の全域にその効力を及ぼします。この『領土』は、領海、領空も含む広義の領土を意味するものです。従って、日本の領海上や領空上で国内法に違反する行為をすれば、国内法が適用され、処罰できます。これに対して、海外で国内法に違反する行為をした場合には、原則として国内法が適用されないので処罰できません。」という文があります。

それに、もしそのような海外居住者に対し、日本の法律的罰則を適用するならば、それまでにそのような日本の法律違反をしている何十万、何百万という海外在住の日本人全員に対しても、同じ手続きをしなければならないことになり、事実上不可能になるでしょう。このような観点からも、戸籍喪失届を提出しなさいということも、海外の日本人には適用されにくいということにもなるのです。基本的な概念は、国内の法律を海外にいる人に対しても適用することはできないのです。

つまり、「戸籍喪失届を提出しない」、結果として、有効な日本の旅券を所持していなくとも、現在でもかなりの数の戸籍記載例のみの日本人が海外には存在するのです。その具体的な例としては、かつての、南米移民の子孫たちなのです。その中での典型例はペルーの元大統領だったアルベルト・フジモリ氏です。政変で日本に亡命してきたときに、当時の日本政府はフジモリ氏の戸籍が日本には未だ残って記載されていたのでまったく問題なく、日本人として扱ったことです。つまり、彼はペルーと日本の二重国籍で、日本政府はそれを容認しています。フジモリ氏は、ペルーの旅券で日本に亡命してきたのです。

なお、意外と知られていない事実は、彼が参議院議員の選挙に立候補していたということです。公職選挙法で定めている国会議員立候補者の条件は、日本国民であることと年齢制限（衆議院議員は満二五歳以上、参議院議員は満三〇歳以上）だけです。二重国籍かどうかは問われてはいないのです。実際に二〇〇七年七月の参議院議員選挙には、ペルーと日本の国籍を持つ藤森謙也氏（フジモリ元ペルー大統領）が国民新党の比例代表公認候補として立候補していたのです。もう、このような事実を考慮すると、現在、継続している重国籍拒否問題での裁判に関して、いったい、政治家はどのように考えているのでしょうか

なお、現実には多くいるこの国籍法一一条該当者は、自発的に戸籍喪失届を必

ずしも出しているわけではないのです。それは当然で、もし、戸籍喪失届を提出すれば日本国籍がなくなるのですが、その届けに無意識的に署名して、提出している多くの人は、自分は日本人ではなくなるとの認識がないのかもしれません。おそらく単純に単なる書類上の手続きぐらいにしか理解していないのではないでしょうか。

しかし、現実に、そのような人たちは、自分は日本人ではなくなるということをどのように理解しているのでしょうか。ちなみに、最近の統計ではこの戸籍喪失届を出している人は、年間に二〇〇〇人から三〇〇〇人しかいないとのことなのです。はたして、この数字が多いか、少ないかの判断は困難です。

もしかすると、今後、そのような戸籍喪失届を無造作に提出してしまった人たちが、老後に日本での生活を望んだときには外国人として取り扱われ、〝日本〟

に帰るときにいろいろな想像以上の問題が起こるかもしれません。そのことを理解すべきなのです。例えば、居住国の国際環境にもよりますが、日本に〝帰国〟するときには明らかに外国人として扱われ、日本に入国するときには査証（ＶＩＳＡ）が必要になる場合もあるのです。

そうなると、将来的には「戸籍復活裁判」のようなことが発生するかもしれません。

国籍の話としては、かつて中国大陸で活躍していた「李香蘭」こと山口淑子さんの記事に、こういう記述がありました。山口さんの「戸籍」の写しが手に入ったので、日本軍に協力した中国人扱いとされて死刑になるところを、日本人として認められ、日本に無事に戻ることができたとのことです。あわや死刑というとき、日本の戸籍謄本が届けられたことが大きな運命の分かれ道になったのです。

重国籍者はかなりの数が存在する

海外には実際に、日本の国籍と外国の国籍を共有している人、つまり重国籍者はゴマンと存在するのです。つまり戸籍喪失届が提出されていないケースが多いということです。このような状態は、重国籍の存在が〝黙認〟されていると理解されても致し方がないのです。

まず、現実に重国籍を明確に所持、併用している例として、外国人と結婚した日本人女性の場合があります。海外で、外国人と結婚した日本女性の国籍は、結婚相手の国によっていくつかのケースが存在しますが、この女性は結婚相手の国籍が自動的に与えられたのです。

この場合には日本人女性は一時的に外国籍と日本の国籍との両方の国籍を所持していることになり、日本の国籍法という法律には違反しないのです。つまり、このような場合には、重国籍維持が黙認されていたのです。それは当然のことであり、外国籍は自動的に与えられたのですから国籍法の条文にある「自己の志望……」とは関係がないからです。しかし、このような場合の実態調査（つまり、潜在的重国籍者の統計）は可能なのですが、政府はそのことに関してはまったく関心がないのです。

その一方、別な観点からの判断によると、所謂「潜在的な重国籍者」が存在するのです。国際結婚で日本人の子供として生まれた人の場合です。日本人の父親、あるいは母親が出生届を提出すると、日本の戸籍には載るので、その子供も日本人になるのですが、その子供が成長し、青年になり、そのまま現地での生活、仕事を続けて、日本の旅券を申請しない、または持っていても更新せず、使わないような場合も数多くあるのです。その結果、日本には戸籍が継続して存在しているのですが、外国人として海外で生活、活動している場合です。このような人もかなりの数になるのです。つまり、日本に戸籍が存在する限り、その人は日本人でもあるのですが、外国人でもあるということです。このような〝潜在的重国籍者〟という概念は今まで誰も理解していないことは驚きなのですが、日本にのみ生活している日本人には、そのような人たちの存在を認識してもらうこと自体が無理なのかもしれません。

このように、(一)国籍法違反をしても戸籍喪失届を出さないことにより戸籍が存在、(二)外国人と結婚した女性で、自動的に外国籍を与えられている場合、そして、(三)海外での生活にのみ専念して、日本の旅券をまったく使わない人、の三種類の「重国籍者」が現存するのですが、それぞれの実態調査はまったくなされていないのです。このような場合の実態はまったく不明であり、日本政府はそのような〝潜在的日本人〟の実態調査にはまったく関心がないのです。

法的には日本は重国籍を認めていませんが、現実には重国籍は「黙認されている」と解釈することもできるのです。

毎年、外務省は「海外在留邦人数調査統計」を公表しています。この資料は海外公館に在留届を出している人だけをもとに算出されているのですが、その説明の中に重国籍者をも含む、という項があるのです。その内容についての説明はないのですが、恐らく、具体的には結婚により外国籍を自動的に与えられた例だと理解されます。なお、その総数は二〇二三年一〇月の統計では約一三〇万人となっています。従って、そのような届けを出していない人を含め、私の理解、判断に基づく〝三種類の重国籍者〟を含めると、日本に戸籍が存在する重国籍の海外在住日本人は二〇〇万人以上になるかもしれません。

おわりに

海外在住の日本人がいちばん問題にしているのは、何らかの理由から外国籍を取らざるを得ないときの影響なのです。日本人が、日本人ではなくなるという事態は大きな問題になるのですが、そのような事態は日本にいる日本人にはとても想像できないでしょう。

つまり、日本の旅券の更新の際に、海外公館では必ず、「あなたは外国籍を持っていますか」との質問がなされるようになった結果として、もし、「はい、持っています」と返答したときには自動的にその更新はなされず、最終的には日本の国籍を失うことになるのです。この時点で、ほとんどの在外邦人は事の重大性を初めて認識せざるを得なくなるのです。

ある意味では、基本的には外国籍を取得した場合には、現在の根本概念、重国籍を認めない、という絶対論ではなく、希望すれば「外国籍を取得しても日本の国籍を維持することもできる」のような柔軟な解釈を一一条に明記、改定することにより、解決できるのです。特に、意外と知られていない事実、〝重国籍黙認状態〟にある在外日本人の存在を理解すると、理論的には日本は重国籍を容認していないと宣言しても、現実にはかなりの数の重国籍者が存在することをどのように解釈、理解できるのでしょうか。特に、国籍と戸籍との関連性についての理解は意外と軽視、ないし無知の状態が普通なのです。

なお、一般論としては国籍問題などを理論的に判断しているのは政府、議員、官庁であり、その反面、旅券の更新に関連したいろいろな現実的問題を認識できるのは海外公館の担当者ですので、基本的な共通認識を期待するのは不可能なのです。

従って、重国籍を容認することにより、これまで記述したいろいろな国籍維持、喪失の状況が問題なく解決できることになり、今後は海外で活躍している日本人をも、国内で活躍している日本人と同様に認識して、大いに活躍できるようにすべきではないでしょうか。

このような現状を考慮すると、現在の日本の少子高齢化社会では、日本の国籍有無とは関係なく、何十万人、いや、もしかしたら何百万人という膨大な数に上る海外居住日本人が、将来的には日本社会への大きなプラスにもなるのです。つまり、現在の海外邦人社会はある意味では将来的には、日本社会に大きく貢献できる可能性が高いのですが、このような可能性の存在は日本の施政者の頭の中には未だ存在しないようです。

ちなみに、海外に居住している日本人、つまり、海外で暮らす長期滞在者と永住者は合計約一三〇万九〇〇〇人（二〇二二年一〇月一日時点）とのことです。しかし、前述のように重国籍が黙認されている現実を考慮すると、海外で生活し、活動している〝日本人〟は膨大な数になるのです。

一方、現在のようなＩＴ社会では有能な日本人が世界のどこにいても日本への貢献は可能ですので、日本に居住しているかどうかはほとんど関係がなくなりつつあるのです。周知のように、最近の会社員は必ずしも従前のように事務所に毎日出かけて仕事をしなくとも、家庭でもできることは当たり前になっているのです。特に、自宅などで働くことができるテレワークの普及など考慮すれば、国際テレワークへの発展も時間の問題ではないでしょうか。

つまり、このような進展を、海外在住者の場合にも当てはめることはできるのです。今後の少子化問題の解決に貢献、関与できる可能性があるのかもしれません。

しかし、残念ながら、現在の施政者はこのような柔軟的、かつ国際的な視点は未だに持ち合わせていないのです。従って、今後はそのような視点からも海外の在留邦人をもっと活用すべきではないでしょうか。もっとも、このような将来状況を念頭に置くと、国籍問題はほとんど重要性がなくなるかもしれません。

その結果として当然ながら国籍法条文の柔軟性解釈がそのまま認められることにもなるのです。ちなみに、現在の国際社会では、世界の多くの国が重国籍を認めているのです。このような解釈、理解を真剣に検討すると、将来的には「海外邦人省」のような新しい組織が必要になるかもしれません。

著者プロフィール

鈴木 伸二（すずき しんじ）

国立衛生試験所勤務（厚生技官）から5年後に、イタリア高等衛生研究所客員研究員、イタリアの製薬会社（IFI）、そしてスイスの製薬企業Ciba-Geigyへと約50年近く勤務後、定年退職。

Pharmacovigilance promoter:
Charter member of ISPE
元スイス・バーゼル日本人会長
イタリア・ローマ大学薬学部卒　薬学博士
著書：『薬剤疫学の基礎』(薬事日報社 1995年)、『薬社会への処方箋』(日本評論社 1997年)、『MRのための医薬品副作用情報学』（薬事日報社 1999年)、『誰も知らなかった常識の背景』（日本文学館 2003年)、『医療の個別化に向けたファルマコビジランスの理論と実際』（薬事日報社 2013年)、「イタリアの薬学史」(『薬学史事典』での分担執筆　薬事日報社 2016年）など。私のベストセラーは『英語医薬論文の読みかた、訳しかた』(薬事日報社 2002年)
YouTube：「鈴木伸二　93歳からの人生レッスン」
https://www.youtube.com/@user-lu7sn3dn6q

海外で活躍している邦人の知られざる苦悶
国籍と戸籍の相関性を知らない日本人

2024年7月15日　初版第1刷発行

著　者　鈴木 伸二
発行者　瓜谷 綱延
発行所　株式会社文芸社
〒160-0022　東京都新宿区新宿1－10－1
電話　03-5369-3060（代表）
03-5369-2299（販売）

印刷所　図書印刷株式会社

ISBN978-4-286-25524-8